Mix Mágico

# Amigas e Moda

Título original: *Magical Mix-Ups: Friends and Fashion*

Edição: Natália Chagas Máximo
Tradução: Fabiano Calixto
Revisão: Adriana Cláudio
Diagramação: Pamella Destefi



Rua Cel. Lisboa, 989 – Vila Mariana
CEP 04020-041 – São Paulo, SP
Tel./Fax: [55 11] 4612-2866 • editoras@vreditoras.com.br

ISBN 978-85-7683-552-3

Impressão e acabamento: Yangraf
Impresso no Brasil • Printed in Brazil

Dados Internacionais de Catalogação na Publicação (CIP)
(Câmara Brasileira do Livro, SP, Brasil)

Edwards, Marnie
Amigas e moda / Marnie Edwards, Leigh Hodgkinson; [tradução Fabiano Calixto]. – São Paulo: V&R Editoras, 2013.

Título original: Magical mix-ups: friends and fashion
ISBN 978-85-7683-552-3

1. Literatura infantojuvenil I. Hodgkinson, Leigh. II. Título.

13-09501 CDD-028.5

Índices para catálogo sistemático:
1. Literatura infantil 028.5
2. Literatura infantojuvenil 028.5

**Mande suas sugestões, críticas e opiniões:**

opiniao@vreditoras.com.br
facebook.com/vreditorasbr

Mix Mágico

# Amigas e Moda

Marnie Edwards ✶ Leigh Hodgkinson

V&R Editoras

# Quem é quem em MIXTOPIA

Esmeralda, a bruxinha

Princesa Safira

Boris, o sapo da Esmeralda

# Quem é quem no PAÍS DAS FADAS

Imperatriz Maísa

Patty

Lulu

Você vai precisar destes...

# MATERIAIS DE DESENHO

O uso de diferentes materiais ajuda a criar belos desenhos

# MATERIAIS DE DECORAÇÃO

Cole para adicionar mais

**BRILHO**

e

**MAGIA**

Lantejoulas

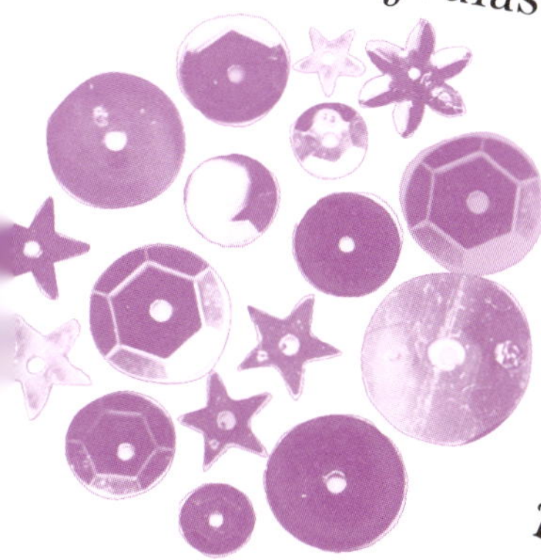

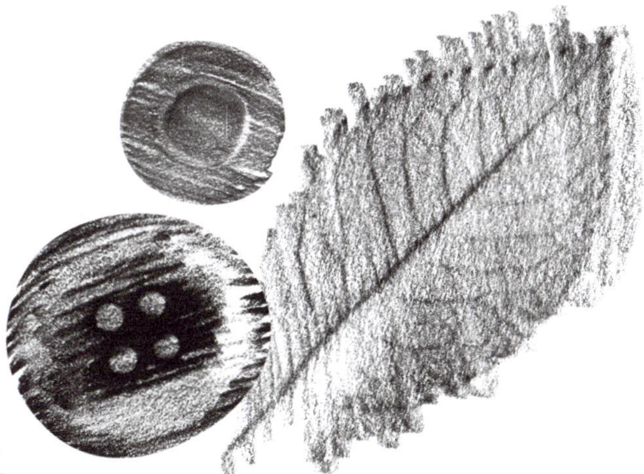

Frotagem

apel alumínio

Glitter

**Dicas!**

Procure no final do livro ideias para ilustrações e outra criações

PREPARAR glitter

em suas POSIÇÕES

VAMOS LÁ!

Capítulo 1

# As MELHORES amigas

Adicione portas e janelas ao castelo
Quem está brincando nas fontes?
Aonde este caminho leva?

A Princesa Safira e Esmeralda, a bruxinha, são as melhores amigas uma da outra. Elas são vizinhas em Mixtopia, uma terra onde tudo pode acontecer, e geralmente acontece.

Safira adora
roupas e sapatos,
ela é puro luxo.

**Crie um penteado perfeito**

Roupas

Sapatos

Esmeralda ama Boris, seu sapo de estimação, e não se lembra se tem uma escova de cabelos.

Faça um cabelo bagunçado

O que você acha?

Pinte a roupa de Esmeralda

Elas são muito diferentes, mas ambas amam livros, revistas e histórias em quadrinhos!

Desenhe mais revistas na pilha
Qual o nome deste quadrinho?
SOBRE sapos
O SEU sapo é talentoso? Ele merece ser premiado?
O SELETOR
SOU MÁGICA!

A revista favorita de Safira é *Corações e Coroas*. – Oh, um teste! – ela grita.

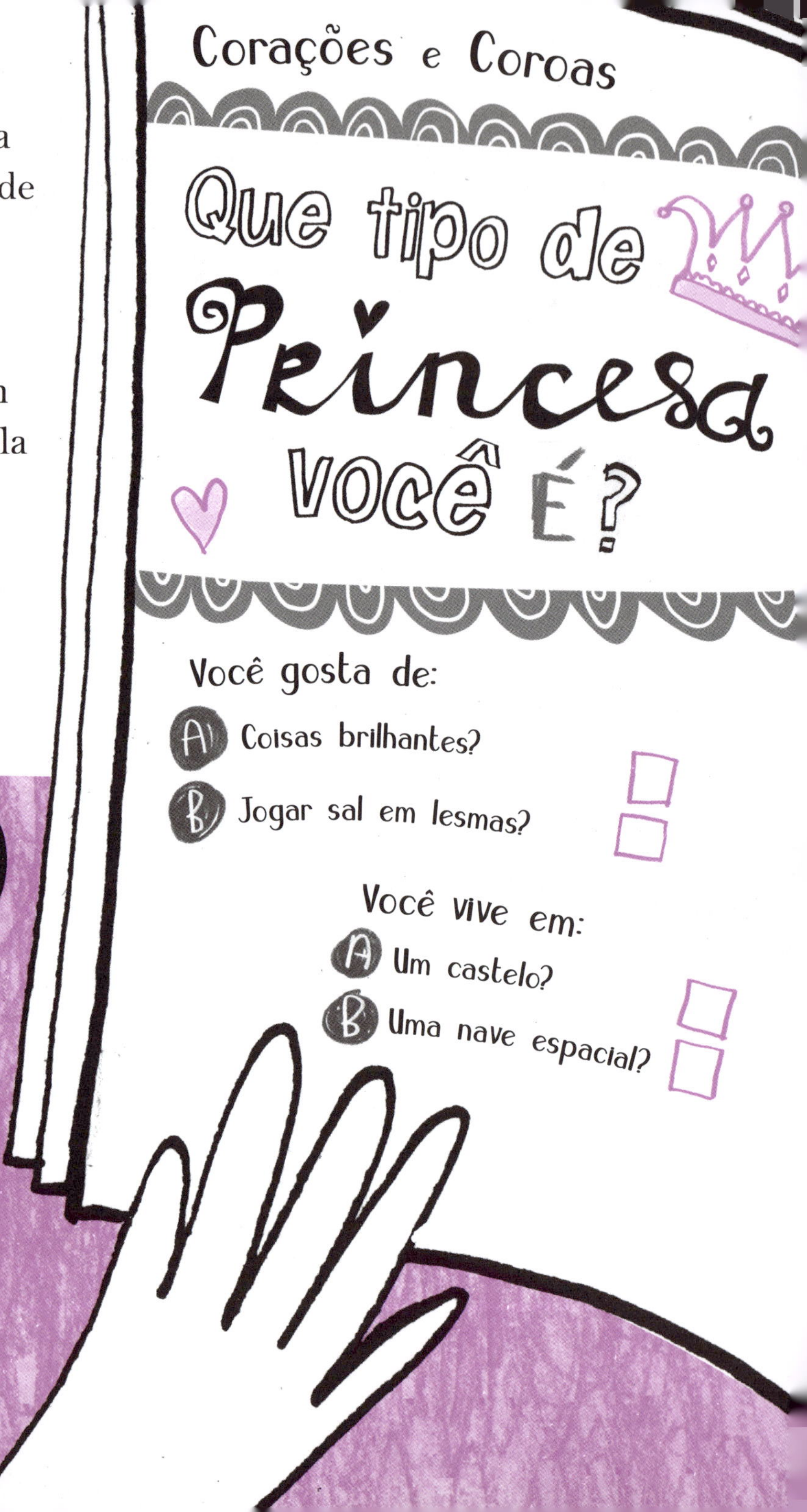


Faça o teste da princesa

Você usa:

(A) Uma tiara? ☐

(B) Nadadeiras? ☐

Você:

(A) Ri e grita bastante? ☐

(B) Arrota e chora bastante? ☐

Número de opções (A)

Número de opções (B)

Se você marcou mais (A) você é uma ótima princesa

Se você marcou mais (B) você é uma péssima princesa

Desenhe uma ótima princesa aqui

Desenhe uma péssima princesa aqui

Esmeralda e Boris estão lendo *Bruxas & Pitadas*. É a revista favorita deles.

Então Boris espirra forte.
– Saúde! – diz Esmeralda.

Boris assoa o nariz,
e Safira grita:
– Ei, olhem isso!
– ela chora
alucinadamente,
mostrando uma
página de sua
revista.

Pinte o cabelo e a coroa

Faça o rosto animado de Safira

# ATENÇÃO

Todas as princesas astutas!

A imperatriz

Maísa

precisa de uma bela roupa para sua

FESTA DE ANIVERSÁRIO

e quer que VOCÊ a faça para ela.

A roupa vencedora será escolhida em um

FANTABULOSO

desfile de moda no

GRANDE Palácio

em 2 dias!

Prepare-se!

Crie as bordas da revista

Os olhos de Safira brilham.

– Mal posso esperar pra começar! – ela diz.

De repente, Boris dá um forte espirro e cai do ombro de Esmeralda! O sapo não está nada bem...

# Capítulo 2

# Botões e Bobinas

Boris está de cama.
– É hora de uma boa poção – pensa Esmeralda.
– Vou precisar de alguns ingredientes...
Ela faz uma lista e sai para as compras.

Desenhe uma vassoura voadora

Enquanto isso, Safira vasculha a caixa de retalhos reais. Há muitas coisas bonitas que ela pode usar para o vestido da Imperatriz Maísa.

Adicione mais fitas
Decore a caixa

Adicione mais botões

Use frotagem

Safira vai até a Caixa Real de botões. Que descoberta! Que tesouro!

A princesa Safira se senta, cercada por tecidos e botões.

– O que será que a pequena Maísa
gosta de usar? – ela pensa.

**Safira lê a revista novamente e vê as letras minúsculas que não havia visto antes.**

# Coisas que a Imperatriz maísa NÃO gosta

O que Maísa está olhando?

Crie um cinto

Que tipo de calça é essa?

Desenhe cadarços

Do que mais Maísa não gosta?

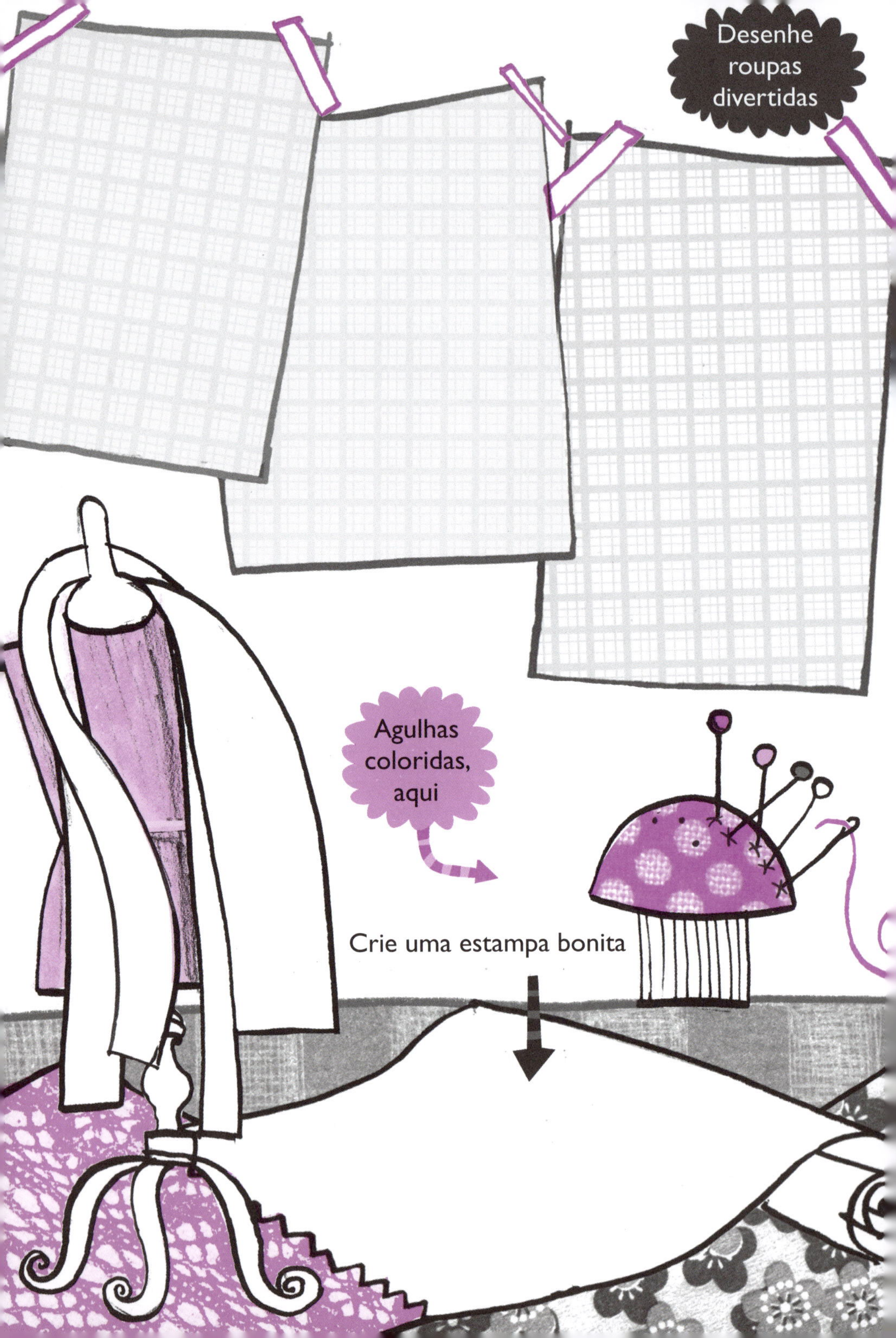
Desenhe roupas divertidas
Agulhas coloridas, aqui
Crie uma estampa bonita

– Há! – exclama Safira em sua mesa de trabalho. – Tive uma ideia perfeita!

Enquanto Safira trabalha, o pobre Boris suspira, vira para o lado e cai no sono...

Capítulo 3

# Uma visita VOADORA

Enquanto sobrevoa o shopping, Esmeralda vê uma grande loja de departamentos.

– Ingredientes, perfeito! – pensa.

Ela guia sua vassoura para o vassouraporto e se junta à fila de bruxas.

Desenhe mais chaminés e fumaça
Desenhe mais bruxas voando
Crie uma placa com ingredientes

Esmeralda olha a lista de ingredientes para a poção mágica de Boris. São bem nojentos em sua maioria.

– Ao contrário de você, Boris – ela diz.

O que mais uma bruxa compraria numa loja?

# Ingredientes GERAIS

Desenhe aqui seus ingredientes

Esmeralda se dirige ao setor de Frios.
Sua boca se enche d'água, quantas iguarias!

Ela bem que poderia provar um ou dois caramujos fritos, mesmo que isso estragasse seu almoço.

– Nossa, esses caramujos são uma borracha! – pensa Esmeralda, enquanto se dirige ao salão de beleza.

Esmeralda está certa de que vai encontrar as lascas de unha que procura aqui...

Em seguida, Esmeralda adentra o salão de *Poções & Loções.* Tudo cintila e brilha, e a bruxa detrás do balcão tem um cabelo INCRÍVEL!

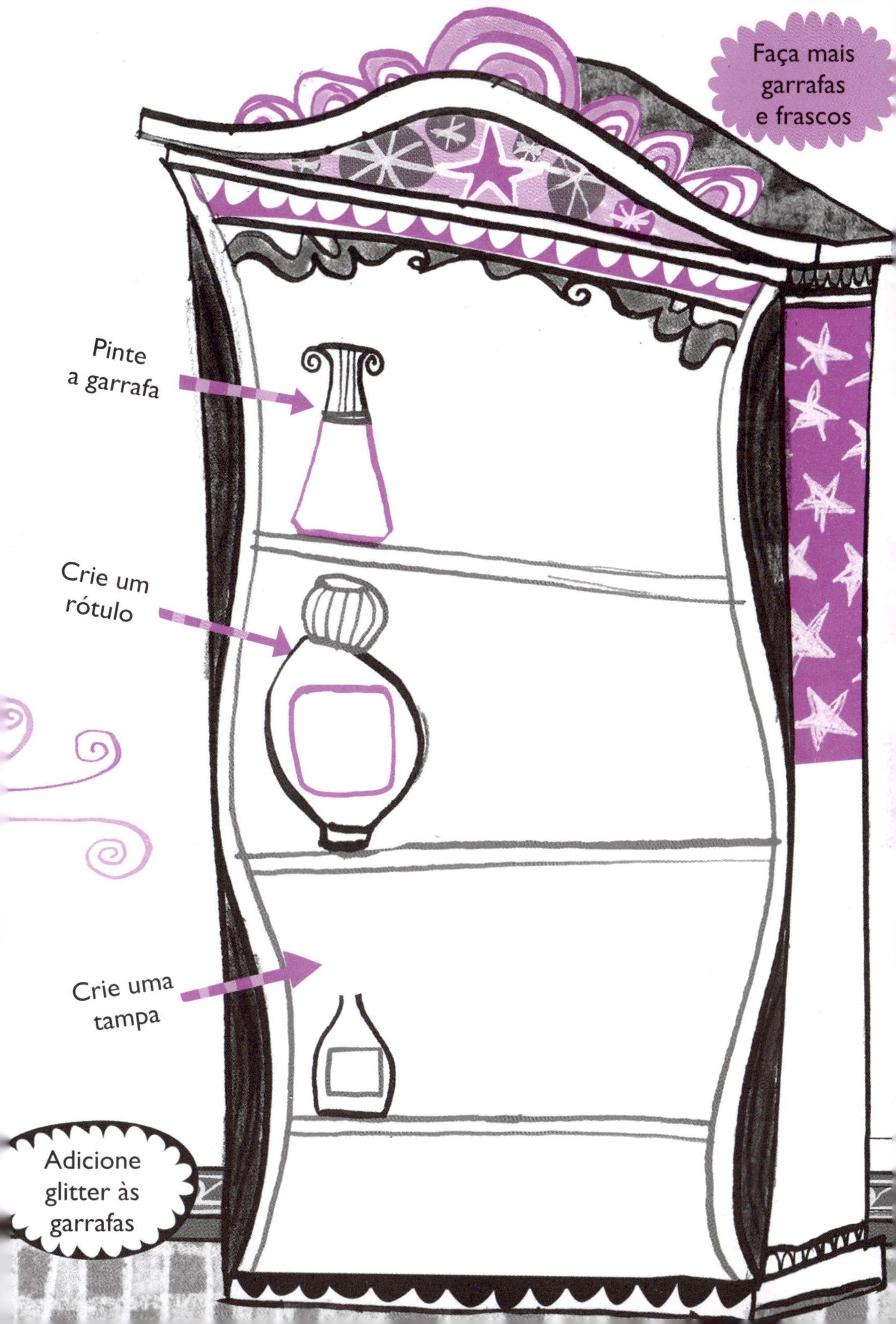
Faça mais garrafas e frascos
Pinte a garrafa
Crie um rótulo
Crie uma tampa
Adicione glitter às garrafas

Crie sons, fumaças e bolhas!
Qual é a cor da poção?
Desenhe uma chama
Esmeralda vai acrescentar o quê?

Em casa, Esmeralda leva tudo o que comprou para o laboratório.

– Bolha, fervura e... – ela diz. – Eu sempre me esqueço de como funciona!

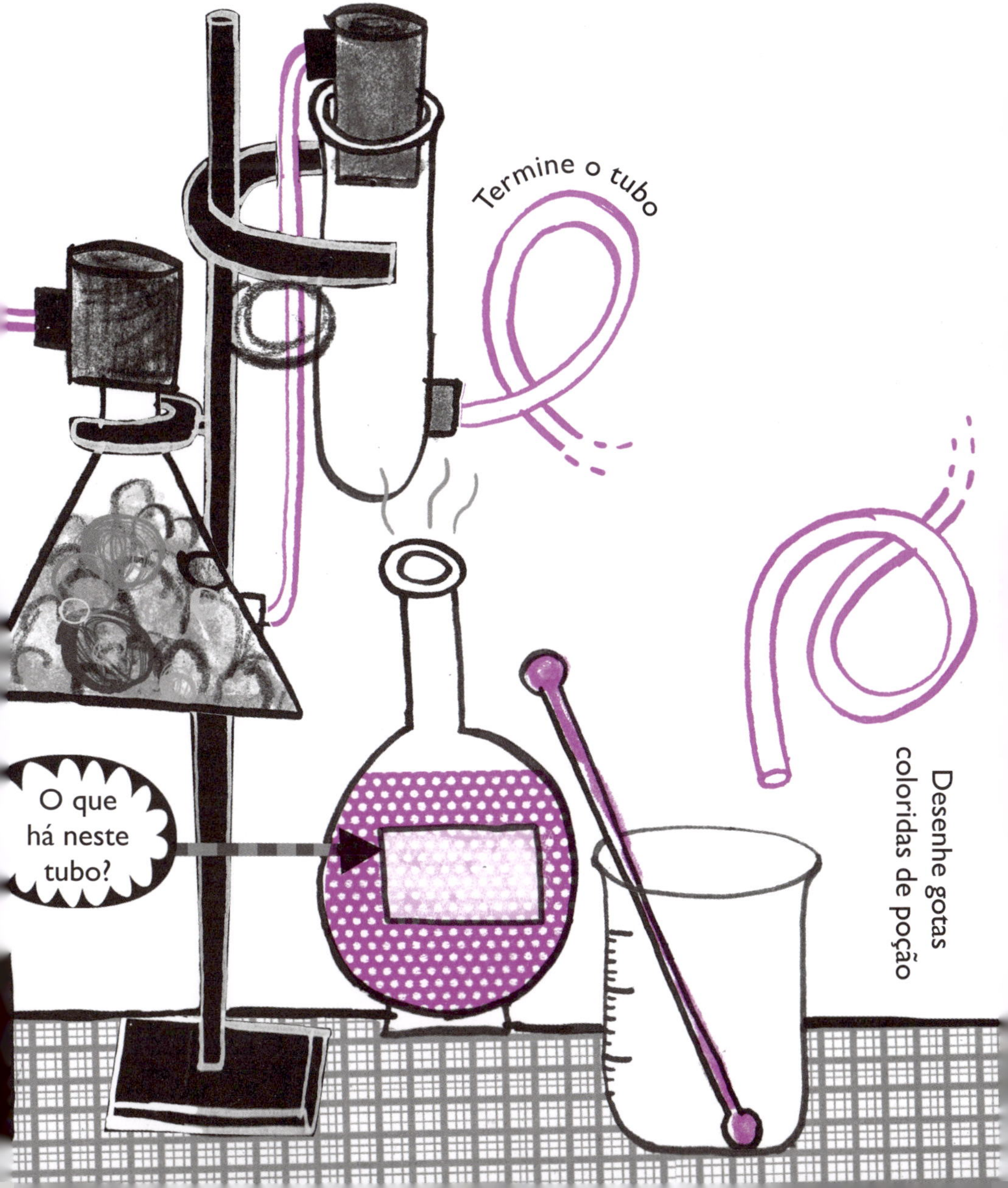

Uma pequena explosão e... a poção mágica está pronta! Esmeralda a leva carinhosamente a Boris, que não fica muito contente ao vê-la...

# Capítulo 4

# Para o alto e avante!

A noite cai e, no castelo, a princesa Safira se prepara para dormir.
Ela picou tantas vezes o dedo com agulhas que se sente uma Bela Adormecida.

Faça um grande bocejo no balão

Desenhe o pijama da princesa

Safira é despertada bem cedo pela chegada de Esmeralda em seu quarto.

– Eu acho que você poderia usar a porta de vez em quando – resmunga a princesa.

Mas sua amiga nem escutou.
– Boris está melhor! – Esmeralda diz, muito feliz.
Boris dá um GRANDE espirro.
– Bem, quase melhor – acrescenta ela.

– Nós viemos para ajudá-la – diz Esmeralda. – Temos ideias BRILHANTES para a roupa de Maísa...

Qual roupa **você** faria para a imperatriz?

– Mas eu já acabei! – diz Safira, apontando para o manequim. – Vejam!

Qual é a cor do vestido?

Observe o vestido e tique a lista

Lista de preferências da Maísa

- ☐ Há borboletas?
- ☐ Sapatos trampolins de dança?
- ☐ SEM etiquetas?
- ☐ SEM laços?
- ☐ SEM cintos?
- ☐ SEM veludo?

As molas chegam ao chão

É hora de ir ao Grande Palácio.
O Balão de Ar Real está pronto, esperando no gramado, e Boris veste seu melhor cachecol.

Faça uma colagem e crie o desenho do balão usando tecido, papel e recortes
Desenhe chamas
Use frotagem para dar textura à cesta do balão

Ops! O que Boris deixou cair?
Isto é uma nuvem de chuva?
Desenhe mais árvores

Logo estão bem alto no céu.
– Vejam, pôneis com asas! – diz Safira.
– Eles parecem meio tontos – se preocupa Esmeralda.

Eles espiam o Grande Palácio da Imperatriz Maísa lá embaixo. Está quase na hora do grande desfile!

Capítulo 5

# COMPORTAMENTO MODELO

O balão pousa suavemente no gramado do palácio.

Imperatriz Maísa
espera pelas garotas.
Ela parece mal-humorada.
Talvez porque seu suéter
está surrado ou será
porque o cinto está
muito apertado?

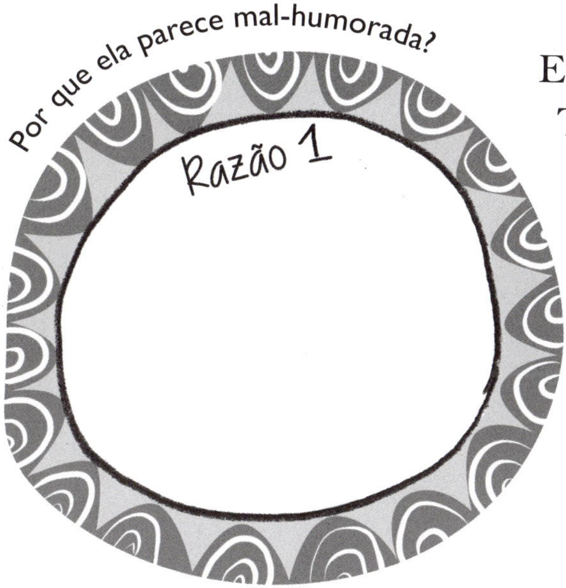

O Grande Desfile acontecerá numa grande marquise. Dentro, todos trabalham intensamente para deixar tudo pronto.

Adicione mais bandeiras reais
Faça belas e grandes flores nos vasos

O que tem no cabide?
Desenhe o esguicho de laquê

A princesa Safira se prepara no camarim e suspira. É muito glamour!

Surge uma garota com cabelos muito longos.

– Olá, sou a Patty – ela diz. – E minha roupa é aquela ali.

Onde está o Boris?

Termine de pintar a roupa

Adicione mais fitas coloridas

Que sapatos combinam com o vestido da Patty?

Mais estrelas na jaqueta
Roupa da Lulu
Inscrição nº 2
Qual é a cor do chapéu da Lulu?
Qual roupa Boris gostaria de usar?
Adicione mais bolas
O que Boris está segurando?

– E o meu é o que está ao lado – diz outra garota, apontando para seu vestido.
– Meu nome é Lulu e eu amo seu sapo!
Boris sorri alegremente, antes de soltar um IMENSO espirro.

Safira se apresenta timidamente...

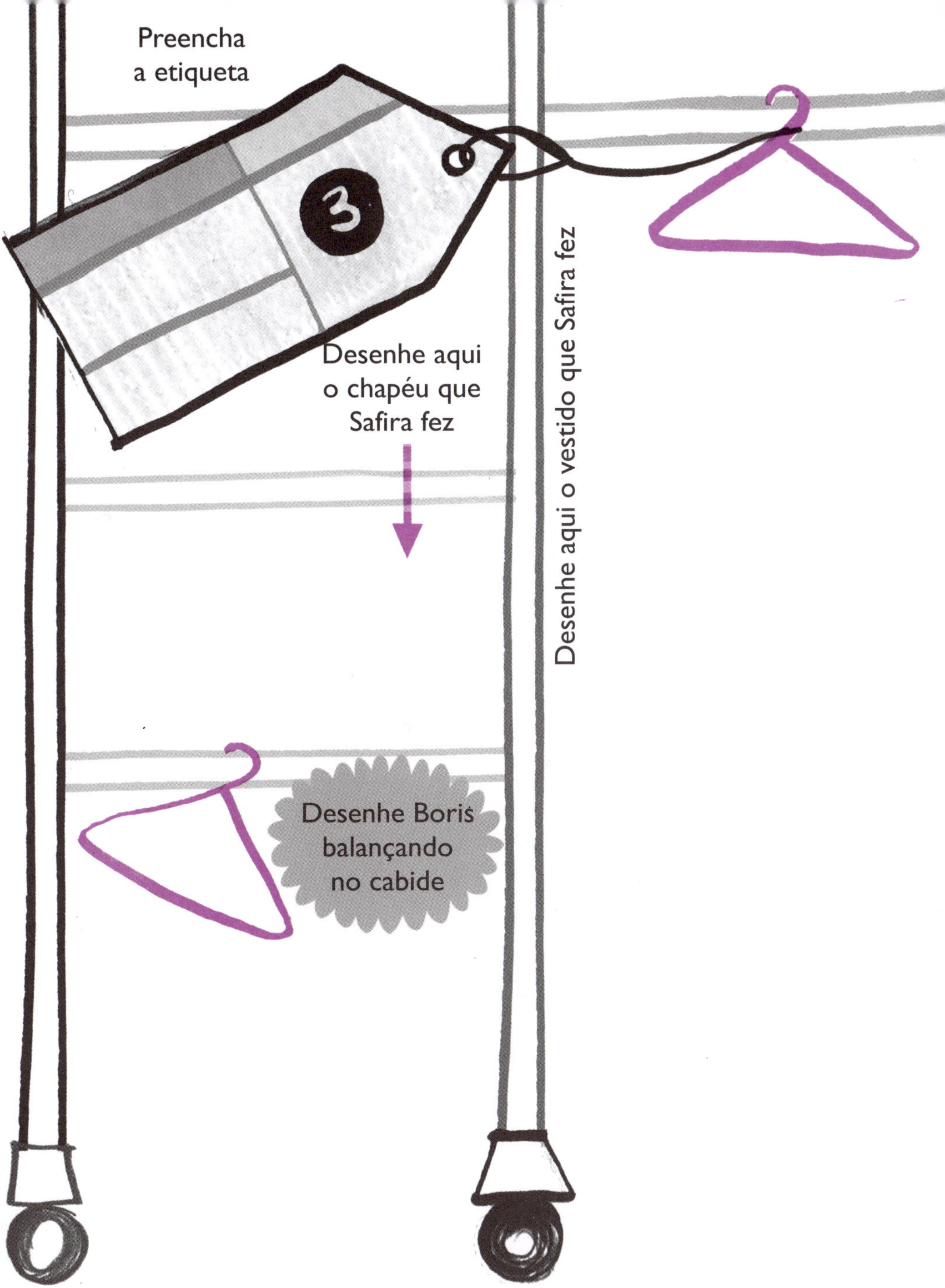


...e pendura sua roupa ao lado das outras.

Nada poderia
dar errado.

Poderia?

Desenhe coisas que poderiam dar errado em cada seção

# Capítulo 6

# Um desfile FIASCO

Crie penteados e maquiagens
Desenhe a grande bolsa de Patty
Patty
LULU

Esmeralda, Safira e Boris se sentam próximos à passarela. Uma mulher na fileira de trás cutuca Esmeralda com suas unhas longas e vermelhas.

– Não consigo ver nada. Por favor, coloque seu chapéu no chão – ela reclama.

Esmeralda ouve, mas não há onde pôr seu chapéu.

Esmeralda decide levar seu chapéu para o camarim. Quando ela abre a porta, Boris dá um espirro tão grande que cai do ombro dela e bate desastradamente em todas as roupas, derrubando-as no chão.

Esmeralda tenta colocar todos os vestidos de volta em seus lugares, mas não tem certeza se está colocando eles nos lugares certos.

Desenh
mais
notas
musicai
Desenhe aqui uma cortina aberta
O que Boris faz na passarela?

– Hã, Safira... – de volta ao seu lugar, Esmeralda tenta dizer à sua amiga sobre a grande confusão causada por Boris, mas justo neste instante a luz apaga, a música toca e o desfile tem seu início...

Desenhe os penteados

Safira, Patty e Lulu olham para as modelos assustadas. Todas as roupas estão bagunçadas!

Escreva quem Safira acha que fez a confusão

Mas no mesmo instante, o público começa a aplaudir e a bater os pés no chão. As roupas são um enorme sucesso!

Dê brilho aos holofotes
O que tem na bolsa de prêmios?
O que Maísa está dizendo?

– São todos lindos! – exclama a imperatriz Maísa. – Agora, em vez de uma, eu tenho três roupas novas para o meu aniversário!

Ela está tão feliz que pula no trampolim da festa em comemoração.

Faça linhas para os saltos das meninas
Quem mais está brincando no trampolim?

– Me desculpe, eu baguncei tudo – Esmeralda diz a Safira enquanto iam para casa no Balão Real.

– Está tudo bem – diz Safira, que dá um grande abraço em sua melhor amiga. – Mas me lembre de nunca pedir a você uma dica de moda!

# Melhores Momentos

Desenhe suas cenas favoritas deste livro e cole aqui suas coisas preferidas

# Glossário de Ilustrações

Se você precisar de ajuda para seus desenhos, dê uma olhada nestas ideias!